U0771745

中华

优秀传统文化

Youxiu Chuantong Wenhua

国际版·第二级

主编：万志强　吴明渠

中国华侨出版社
·北京·

图书在版编目（CIP）数据

中华优秀传统文化：国际版.第二级 / 万志强，吴明渠主编. — 北京：中国华侨出版社，2021. 5

ISBN 978-7-5113-8233-7

Ⅰ.①中… Ⅱ.①万… ②吴… Ⅲ.①中华文化—通俗读物 Ⅳ.①K203-49

中国版本图书馆CIP数据核字（2020）第 121215 号

● 中华优秀传统文化：国际版. 第二级

主　　编 / 万志强　吴明渠
责任编辑 / 高文喆　桑梦娟
封面设计 / 张雪梅
经　　销 / 新华书店
开　　本 / 787 毫米 × 1092 毫米　　　1/16　　　印张/ 6.25　　　字数/ 65 千字
印　　刷 / 北京天正元印务有限公司
版　　次 / 2021 年 5 月第 1 版　　　2021 年 5 月第 1 次印刷
书　　号 / ISBN 978-7-5113-8233-7
定　　价 / 28. 00 元

中国华侨出版社　　　北京市朝阳区西坝河东里77号楼底商5号　　　邮编：100028
法律顾问：陈鹰律师事务所
发 行 部：（010）64443051　　传　真：（010）64439708
网　　址：www.oveaschin.com　　E-mail：oveaschin@sina.com

如发现印装质量问题，影响阅读，请与印刷厂联系调换。

丛书编委会

顾　　问：罗晓辉　　陈来安（马来西亚）

主　　编：吴明渠

副 主 编：袁　文　　薛　涓　　杨　柳　　廖荣超　　吴天宇

本书编写组

主　　编：万志强　　吴明渠

副 主 编：谢萍莉　　陈　沽　　黄金强　　李先义

编写人员：牟芮冉　　余小燕　　马香玉　　屈　晗　　李诗敏　　周　怡

　　　　　宋　杨　　高雪莲　　陈　曦　　李开祥　　何　茜　　陈　静

　　　　　罗　霞　　黄　欣　　黄麟喻　　周　艳　　段　玲　　黄清林

　　　　　叶　娜　　杨　险　　徐丽媚

绘　　图：杜　婷　　杜佳妮

前　言

中华文明是世界上最古老的文明之一，是人类历史上唯一一个绵延 5000 多年至今未曾中断的灿烂文明。为弘扬中华优秀传统文化，我们立足于海外读者的特殊情况和需要，精心选择内容、设计框架，编撰了"中华优秀传统文化·国际版"丛书，丛书具体有以下特点。

一、体系新颖，内容全面

整套丛书共六册。按难易程度划分为六个等级，一册书为一级。每册书又分为 16 章，每四章为一个主题。每章内容固定，包括"国学知识""美德故事""经典诵读""通关检测"四大版块。

1. 国学知识

了解是热爱的前提。我们在每一章给读者介绍一个或一类中华优秀传统文化的内容，具体包括中国风俗、风土、风景、风貌、物产、物品、人物、事件等。分为"神州大地""华夏名人""中华文明""九州风物"四个版块，包含了丰富有趣的传统文化知识，可以说是一个小小的中华优秀传统文化百科知识库。

2. 美德故事

中华传统美德是中华文化的重要内涵。中华文化中，尤其重视对人德行的培养。"德"是指意志品德，"行"是指言行举止。本套丛书中，我们从中华传统美德的内核中提炼出 24 个主题，每个主题分别安排四个有趣的故事，利用故事让读者潜移默化地感受和了解中华美德的魅力。

3. 经典诵读

在这个版块，我们选择适合海外读者诵读的、浅显且经典的诗文：第一级和第二级各有 16 首古诗。第三级为中国神话故事、寓言故事和历史典故。第四级为歇后语、谚语。第五级为《论语》名句积累，第六级为除《论语》以外的"四书五经"名句积累。这些内容将极大地丰富读者的中华文学经典积累。

4. 通关检测

通关检测则是对各章学习内容的一个检测，也是需要读者重点掌握的内容。

二、形式活泼多样，激发读者学习热情

1. 巧设评价，让学习有章可循

"通关检测"，设计了"猜一猜""填一填""连一连"等有趣的活动，对学过的知识进行复习回顾，实现迁移运用，把知识积累与能力培养相结合。

2. 增设故事、典故，增强阅读趣味性

故事，是大部分读者最喜欢的阅读形式，整套书有 100 多个有趣的小故事。大量的故事，增强了这套书的可读性、趣味性。

3. 抓住读者心理，设计温馨细节

这套书最大的一个亮点就是全书设计了 200 多个"剪贴板"，这些"剪贴板"既能对主体内容进行补充，又能更好地帮助读者理解内容。这些"剪贴板"形式多样，有提问，有方法，有总结，起到激发兴趣，促进学习的作用。

除了精美的插图，我们还温馨地设计了页码娃娃：单数页是男娃娃在左，双数页是女娃娃在右。契合了男单女双、男左女右的中华传统文化理念，活泼的形象更是受到孩子们的热烈欢迎。

此外，我们还在每册书最后增设了附录，补充了近300个各类传统文化知识，让学有余力的读者能获取更多的中华优秀传统文化知识，更加丰富读者的文化积淀。

中华优秀传统文化源远流长、博大精深，让中华文化走向世界舞台，促进世界多元文化交流互鉴，这是我们共同的心愿。

目　录

中华优秀传统文化：国际版·第二级

第一章

国 学 知 识

神州大地

中国的江河湖海数以千计，流淌在幅员辽阔的土地上，养育着世世代代的中华儿女。中国人经常说"五湖四海"，那究竟是哪"五湖"哪"四海"呢？

五 湖

中国人常说的五湖，是指中国大地上的五大淡水湖泊。近代一般指鄱阳湖、太湖、洞庭湖、巢湖、洪泽湖。

鄱阳湖，位于江西省北部，是中国第一大淡水湖，也是中国第二大湖，仅次于青海湖。鄱阳湖是长江中下游主要支流之一。每年秋去冬来，水落滩出，沼泽星罗棋布，水草繁茂，鱼虾众多，是候鸟理想的越冬地。

太湖，位于长江三角洲的南缘，太湖有"太湖三白"即银鱼、白鱼、白虾，太湖珍珠，太湖蟹等特产。

中华优秀传统文化·国际版·第二级

洞庭湖，历史上重要的战略要地中国传统文化发源地，古代曾号称"八百里洞庭"。湖区名胜繁多，以岳阳楼为代表的历史胜迹是其重要的旅游文化资源。

　　巢湖，俗称焦湖，位于安徽省中部。巢湖风光秀丽，水产丰富，主要名优水产有银鱼、秀丽白虾、湖蟹，被誉为"巢湖三鲜"。

　　洪泽湖，在江苏省西部淮河下游。洪泽湖湖面辽阔，资源丰富，历史悠久。它既是淮河流域大型水库、航运枢纽，又是渔业、特产品、禽畜产品的生产基地，素有"日出斗金"的美誉。

中华优秀传统文化 · 国际版 · 第二级

孝字最早见于商代，它的古字形像一个孩子搀扶着老人。主要指尽心尽力地奉养、尊敬和顺从父母，后来广义指晚辈要尊敬和孝顺长辈。"百善孝为先"，回报父母的养育之恩是我们每一个人应该做的事情。

黄香温席

中国汉朝的时候，有一个叫黄香的人，他小小年纪就懂得孝顺长辈的道理。烈日炎炎的夏季，晚上总是热得让人睡不着，黄香就一边用扇子将父母蚊帐中的蚊虫驱走，一边将枕头和席子扇得凉快一些，这样父母晚上就能睡得舒服一点。寒冬时节，黄香又先躺在父母床上，用自己身体的温度让被子暖和起来，这样父母睡觉的时候就不会觉得寒冷了。

黄香用他的行动孝敬父母，他的事迹流传到了京城，号称"天下无双，江夏黄香"。

黄香的孝心就体现在对父母日常生活的关心之中，这些行为并不难做到。原来把对父母的关心落实到行动中就是有孝心的表现。从小事做起，让父母感受到我们的爱吧！

鹿 柴

（唐）王维

空山不见人，但闻人语响。

返景入深林，复照青苔上。

中华优秀传统文化：国际版·第二级

 注释

①鹿柴（zhài）：王维辋川别墅的胜景之一（在今陕西省蓝田县西南）。

②柴：通"寨""砦"，用树木围成的栅栏。

③但：只。

④复：又。

　　幽静的山谷里看不见人，只听到人说话的声音。落日的影晕映入了深林，又照在幽暗处的青苔上。

　　王维是诗人、画家兼音乐家，被称为"诗佛"。苏轼评价他的作品"诗中有画，画中有诗"。这首诗正体现出诗、画、乐结合的特点。类似作品还有他的《山居秋暝》《辛夷坞》《鸟鸣涧》等。

通关检测

1.下面哪个不属于中国五大淡水湖泊？（　　）

A.洞庭湖　　　B.鄱阳湖　　　C.洪泽湖　　　D.青海湖

2.下面哪个是中国第一大淡水湖？（　　）

A.洞庭湖　　　B.鄱阳湖　　　C.洪泽湖　　　D.青海湖

3.试着背一背《鹿柴》。

第二章

神州大地

四 海

中国人常常说"五湖四海"，五湖我们知道了。中国四海指的是：渤海、黄海、东海和南海。

渤海，是中国的内海，被辽宁省、河北省、天津市、山东省包围着，在中国的北方。黄河现在就是流入渤海的。

黄海，位于中国与朝鲜半岛之间。历史上黄河有七八百年的时间注入黄海，混浊的黄褐色泥沙与蓝色透明的海水混在一起，百里海疆因而变成一片微黄，黄海因此得名。

中华优秀传统文化：国际版·第二级

东海，位于黄海的南面，东北部通过对马海峡与日本海相通，西南部通过台湾海峡与南海相通。东海是中国岛屿最多的海域，滚滚长江从大陆倾泻而来，把混浊的泥沙水向海中尽情地扩展。

南海，因位于中国南边而得名。南海是中国最深、最大的海，也是仅次于珊瑚海和阿拉伯海的世界第三大陆缘海。南海的水域面积约等于渤海、黄海和东海总面积的 3 倍。南海自古以来就是中国的固有海域，中国是世界历史上最早发现并命名、最早开发经营和最早管辖南沙群岛的国家。

美德故事

孝亲

怀橘遗亲

　　陆绩是三国时期吴国的科学家。他六岁时跟随父亲陆康到九江拜见袁术，袁术拿出橘子招待他们。陆绩留了两个橘子放在怀里。正准备离开时，橘子滚落在地上，袁术就嘲笑陆绩道："陆郎来我家做客，走的时候还要怀藏主人的橘子吗？"陆绩说："我的母亲喜欢吃橘子，我想拿回去送给母亲尝尝。"袁术见他小小年纪就懂得孝顺母亲，十分感动。

　　后来，陆绩成年后，博学多识。他通晓天文历法，曾作《浑天图》，注《易经》，撰有《太玄经注》，成为了不起的人。

中华优秀传统文化·国际版·第二级

　　陆绩小小年纪就了解母亲喜欢什么食物，也懂得孝敬自己的母亲。原来孝心也体现在了解自己的家人，知道他们的喜好，你对自己的家人有多少了解呢？

独坐敬亭山

（唐）李白

众鸟高飞尽，孤云独去闲。

相看两不厌，只有敬亭山。

注释

①敬亭山：在今安徽宣城市北。

②尽：没有了。

③孤云：陶渊明《咏贫士》中有"孤云独无依"的句子。

④厌：满足。

[译文]

山中群鸟一只只高飞远去，天空中的最后一片白云也悠然飘走。敬亭山和我对视着，谁都看不够、看不厌，看来理解我的只有这敬亭山了。

诗人以奇特的想象力和巧妙的构思，赋予山水景物以生命，不说"我"喜欢敬亭山，反说"我"和敬亭山相互喜欢。

通关检测

1. 下面哪个不属于中国的四海？（ ）

A. 渤海　　B. 黄海　　C. 南海　　D. 洱海

2. 中国最深、最大的海是哪个？（ ）

A. 渤海　　B. 黄海　　C. 南海　　D. 东海

3. 试着背一背《独坐敬亭山》。

第三章

国学知识

神州大地

西 湖

　　西湖，位于中国浙江省杭州市区西部，是中国最具有文化气息的观赏性淡水湖泊之一。西湖三面环山，面积约 6.39 平方千米。西湖的基本格局为："一山、二塔、三岛、三堤、五湖"。一山指孤山。二塔指保俶塔、雷峰塔。三岛指小瀛洲、湖心亭、阮公墩。三堤指苏堤、白堤、杨堤。五湖指外西湖、西里湖、北里湖、小南湖及岳湖。

　　西湖除了有无数的传说与典故，历史上的文人墨客还留下数不清的诗词歌赋及书法绘画作品描绘赞美西湖。其中，苏轼的"欲把西湖比西子，淡妆浓抹总相宜。"白居易的"孤山寺北贾亭西，水面初平云脚低。"杨万里的"接天莲叶无穷，映日荷花别样红。"都是西湖最美的写照。此外，南宋山水画中提到的"西湖十景"，至今已流传了千年，这十景分别是平湖秋月、苏堤春晓、断桥残雪、雷峰夕照、南屏晚钟、曲院风荷、花港观鱼、柳浪闻莺、三潭印月、两峰插云。

中华优秀传统文化·国际版·第二级

　　西湖有许多动人的传说和历史典故，中国四大民间爱情传说之一《白蛇传》就发生在美丽的西湖上。

泸沽湖

　　泸沽湖，位于云南省与四川省交界处，泸沽湖四周崇山峻岭，一年有三个月以上的积雪期。森林资源丰富，山清水秀，空气清新，景色迷人。泸沽湖湖水清澈，被当地摩梭人奉为"母亲湖"，也被人们誉为"蓬莱仙境"。

孝亲

亲尝汤药

公元前 202 年，刘邦建立了西汉政权。刘邦的四儿子刘恒，也就是后来的汉文帝，是一个有名的大孝子。刘恒对他的母亲很孝顺，从来也不怠慢。

有一次，他的母亲患了重病，这可急坏了刘恒。他天天为母亲煎药。每次煎完，自己总是先尝一尝，看看汤药苦不苦、烫不烫。自己觉得药的温度差不多了，才给母亲喝。除此之外，他还日夜守护在母亲的床前，每次看到母亲睡了，他才趴在母亲床边睡一会儿。

刘恒亲尝汤药的故事感动了身边的每个人，并被传为一段佳话。

中华优秀传统文化·国际版·第二级

在我们的成长过程中，每当遇到我们生病的时候，父母都会特别担心，恨不得代替我们生病，真是"可怜天下父母心"。如果父母生病的时候，我们也能像刘恒一样关心自己的父母，这就是尽孝道的表现哦！

赠汪伦

（唐）李白

李白乘舟将欲行，

忽闻岸上踏歌声。

桃花潭水深千尺，

不及汪伦送我情。

中华优秀传统文化·国际版·第二级

注释

①汪伦：李白的朋友。

②踏歌：唐代民间流行的一种手拉手、两足踏地为节拍的歌舞形式，可以边走边唱。

李白乘舟将要远行离去，忽听岸上传来踏歌之声。即使桃花潭水深至千尺，也比不上汪伦送我之情。

这首诗是李白在泾县桃花潭游历时写给当地好友汪伦的一首留别诗，亲切而洒脱，很有人情味。

唐代的留别诗在数量和质量上以王维和李白的堪称之最，类似诗歌有李白的《送友人》《宣州谢朓楼饯别校书叔云》，王维的《送元二使安西》等。

通关检测

1. 下面哪个不是中国西湖的美景？（　　）

A. 苏堤春晓　　B. 曲院风荷　　C. 平湖秋月　　D. 卢沟晓月

2. 有"蓬莱仙境"美誉的是下面哪个地方？（　　）

A. 西湖　　B. 泸沽湖　　C. 洞庭湖　　D. 鄱阳湖

3. 试着背一背《赠汪伦》。

第四章

国学知识

神州大地

青海湖

在中国青海省，有一个蓝色的湖，名字叫青海湖。青海湖既是中国最大的内陆湖泊，也是中国最大的咸水湖，面积达 4000 多平方千米。每年春天，大批的海鸟千里迢迢来到青海湖繁衍生息，因此这里有"鸟类王国"的美称。传说，青海湖就是王母娘娘最大的瑶池，每年农历六月初六，王母娘娘就会在此设蟠桃盛会，宴请各路神仙。

中华优秀传统文化·国际版·第二级

16

纳木错

在中国西藏自治区，有一个美丽的湖泊，名字叫纳木错。它是西藏第二大湖，也是中国第三大的咸水湖，还是世界上海拔最高的大型湖泊。"纳木错"为藏语，而这个湖的蒙古语名称为"腾格里海"，两种名称都是"天湖"之意。站在纳木错湖边，仿佛置身于一个蓝色的世界。因为水中矿物质的缘故，纳木错的水特别特别蓝。

藏语中，"错"就是"湖"的意思。除了纳木错，青藏高原上还有巴松错、羊卓雍错、色林错等美丽的高原湖泊。

美德故事

孝 亲

上书救父

汉文帝时，有一位叫淳于意的人，拜齐国著名医师杨庆为师。他学了一手高超的医术，便开始行医救人。

因为淳于意个性刚直，行医的时候，得罪了一位很有权势的人。后来他遭到陷害，被押往京城治罪。他的小女儿名叫缇萦，只有十五岁，虽然是一位弱小女子，但缇萦决定随父进京，一路照顾父亲的生活起居。他们长途跋涉来到长安，缇萦向皇帝上书诉冤。她陈述了肉刑的害处，并说明了父亲行医时施仁济世，现在确实是遭人诬害，并主动提出愿意替父受刑。汉文帝被缇萦的孝心深深感动，赦免了她的父亲，并且下诏书废除了肉刑。

缇萦本是弱小女子，她不顾自己的生命也要替父受刑。我们常常说"血浓于水"，这份真情确实让人感动。在生活中，和家人一起面对生活中的困难，担起自己的责任，就是有孝心的表现。

中华优秀传统文化·国际版·第二级

经典诵读

古诗

竹 枝 词

（唐）刘禹锡

杨柳青青江水平，

闻郎江上唱歌声。

东边日出西边雨，

道是无晴却有晴。

中华优秀传统文化：国际版·第二级

注释

①竹枝词：乐府近代曲名。原为四川东部一带的民歌。歌词杂咏当地风物和男女爱情，富有浓郁的生活气息。这一优美的民间文学形式，曾引起一些诗人爱好并仿制。

岸上杨柳青，江中风浪平，忽然江上舟中传来男子的唱歌声。就像东方出太阳，西边落雨。你说它不是晴天吧，它又是晴天。

这首诗摹拟民间情歌的手法，写一位初恋少女听到情人的歌声时乍疑乍喜的复杂心情。用天气的"晴"谐音感情的"情"，所以表面上在说天气是否晴朗，实质上在揣度情人是否对自己有情义。刘禹锡创作的《竹枝词》现存十一首。

1.中国最大的内陆湖泊是哪个？（　　　）

A.青海湖　　B.泸沽湖　　C.洞庭湖　　D.鄱阳湖

2."错"是"湖"的意思，这是哪个民族的语言？（　　　）

A.藏族　　B.蒙古族　　C.维吾尔族　　D.汉族

3.试着背一背《竹枝词》。

第五章

书法是中国国粹，在中国历史上，出现了许多了不起的书法家。

王羲之

王羲之是东晋时期著名的书法家，被后世尊称为"书圣"。传说王羲之自幼苦练书法，时间长了，他用于清洗毛笔的池塘水都变成了墨色。

他的代表作《兰亭序》被誉为"天下第一行书"。王羲之很喜欢鹅，从鹅的动作形态中悟到了运笔的道理。有一次他看到一群很漂亮的白鹅，便找到主人想与他商量买下那群鹅。主人听说大名鼎鼎的王羲之要买，便说：只要你能为我抄一部《黄庭经》，便将鹅送给你。王羲之欣然答应，这便成就了"书成换鹅"的佳话。

王献之

　　王羲之有七个儿子，这七个儿子在书法上都有所成就。其中第七个儿子王献之成就最高，与父亲王羲之并称为"二王"。

　　王献之自小跟随父亲练习书法。有一次，王羲之看王献之正聚精会神地练习书法，便悄悄走到他背后，突然伸手去抽王献之手中的毛笔，王献之握笔很牢，笔没被抽掉，王羲之夸赞他以后一定会有卓越的成就。

　　王献之按照父亲的要求，从基本笔画练起，天天研墨挥毫，刻苦临习。后来，他也成了了不起的书法家。

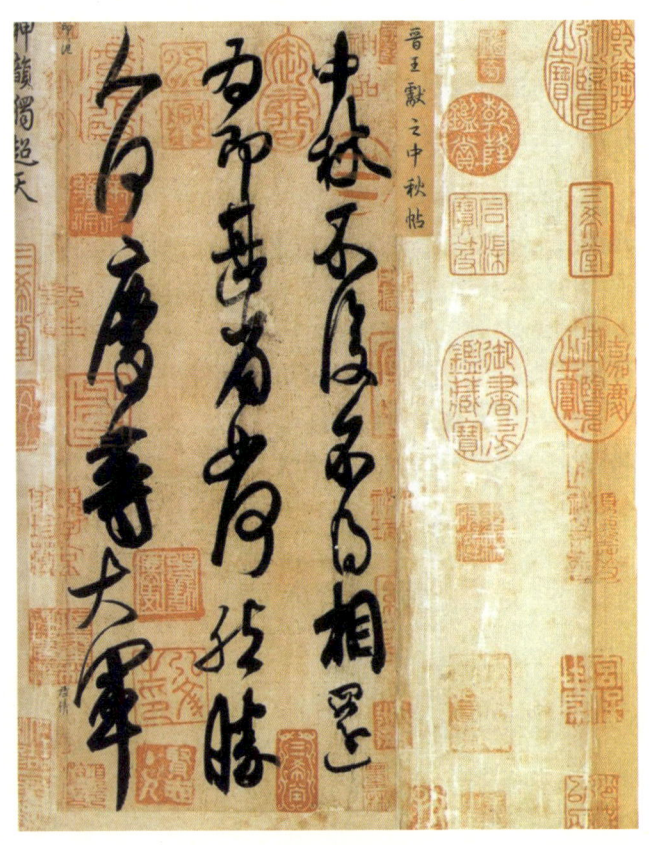

王献之《中秋帖》

中华优秀传统文化·国际版·第二级

仁是中国古代一种含义极广的道德范畴，主要是指以人为本，富有爱心，也指人与人之间互相亲爱。孔子把"仁"作为最高的道德原则和道德境界。几千年来，"仁"的思想体现了华夏儿女以天下为己任的雄心壮志。

美德故事

仁爱

李士谦乐善好施

赵郡有位叫李士谦的人。虽然他的家庭十分富有，但是他很节俭和慷慨，常常救济身边的老百姓。

有一年饥荒，许多人家断了粮，李士谦就拿出数千石粮食借给乡里的缺粮户。到了秋天又遇到庄稼收成不好，借了粮的人都要求延期偿还。李士谦说："我借粮给你们是为了帮大家度荒，不是为求利。既然年成不好，借的粮就不用还了。"于是他请一些欠粮的人吃饭，在吃饭时还当着大家的面烧毁了全部借据。第二年粮食丰收了，许多人挑粮来还，李士谦坚决不收，还粮的人只好又挑了回去。

李士谦乐善好施三十年，在隋文帝开皇八年（588年）去世。他所在的赵郡一带有一万多人为他送葬，哭声动地，大家都感念他的乐善好施。

中华优秀传统文化·国际版·第二级

乐善好施的李士谦不计回报地帮助老百姓，他的仁爱之心感动了身边的人。如果我们在生活中也能常怀仁爱之心，常行仁爱之举，那我们的世界将会更加美好。

风

（唐）李峤

解落三秋叶，能开二月花。

过江千尺浪，入竹万竿斜。

①解落：吹落，散落。

②三秋：秋季。一说指农历九月。

③二月：农历二月，指春季。

译文

　　风能吹落秋天金黄的树叶，能吹开春天美丽的鲜花。刮过江面能掀千尺巨浪，吹进竹林能使万竿倾斜。

　　这首诗的妙处在于虽是写风，但全诗描绘了四个形象的画面，却不出现"风"字，所以，这首诗可以作为谜语诗。类似的诗歌还有贺知章的《咏柳》、王维的《画》、唐寅的《画鸡》等。

通关检测

1. "天下第一行书"《兰亭序》是谁的作品？（　　）

A. 卫夫人　　　B. 王羲之　　　C. 王献之　　　D. 颜真卿

2. 与王羲之并称"二王"的是下面哪位书法家？（　　）

A. 王献之　　　B. 王凝之　　　C. 王夫之　　　D. 王铎

3. 试着背一背《风》。

中华优秀传统文化：国际版·第二级

第六章

楷书四大家

中国历朝历代出现了很多书法家。其中，被合称为"楷书四大家"的分别是欧阳询、颜真卿、柳公权、赵孟頫。

欧阳询（557—641年），唐朝著名书法家。他的书法被后人称为"欧体"。

颜真卿（709—784年），唐代著名书法家，他的书法被称为继王羲之后的"天下第二行书"。其行书气势遒劲，正楷端庄雄伟，并创"颜体"楷书。颜体的特点是：一般横画略细，竖画、点、撇与捺略粗。

柳公权（778—865年），是唐代著名书法家，其书法"柳体"的特点是：潇洒、清瘦、笔画细劲、棱角峻厉。后人用"颜筋柳骨"形容颜真卿与柳公权的书法艺术特点。

楷书四大家，除了前面讲的欧阳询、颜真卿、柳公权，还有一位宋末元初的书法家，他叫赵孟頫（1254—1322年）。他的书法被称为"赵体"。

对比一下他们的字体，看看有什么不同。除了"二王"和楷书四大家，中国著名的书法家还有李斯、张旭、怀素、苏轼、米芾等。

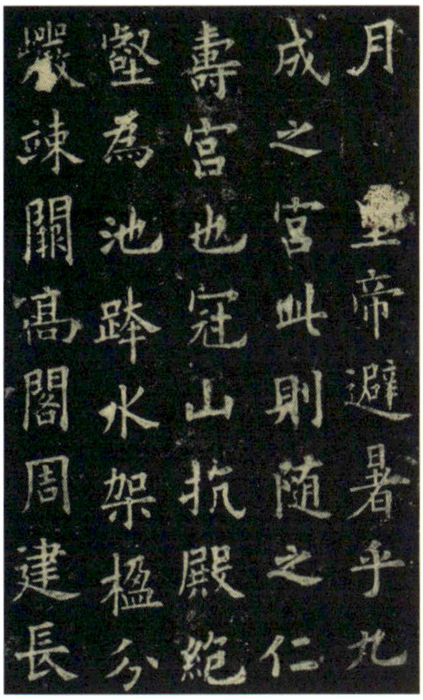

月皇帝避暑乎九
成之宫此則随之仁
壽宮也冠山抗殿絕
壑爲池跨水架楹分
巖竦闕高閣周建長

欧阳询《九成宫醴泉铭》

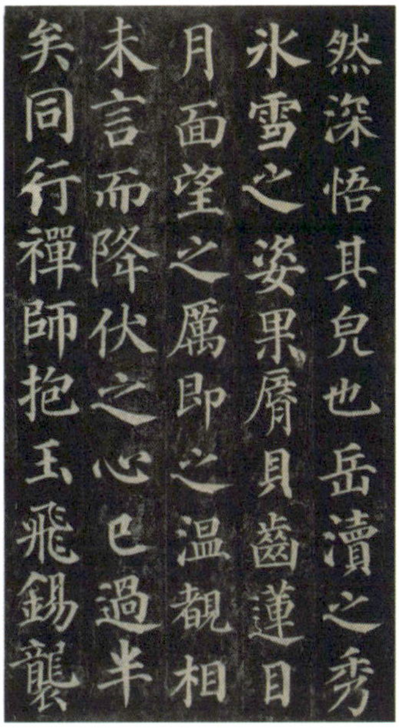

然深悟其𠙻也岳瀆之秀
氷雪之姿果屬貝齒蓮目
月面望之儼即之温覩相
未言而降伏之心巳過半
矣同行禪師抱玉飛錫襄

颜真卿《多宝塔碑》

然莫能濟其畔岸
矣夫將欲伐株杌
於情田雨甘露於
法種者固必有勇

柳公权《玄秘塔碑》

諸人所藏乎身不怨
而能喻諸人者未之
有也故治國在齊其
家詩云桃之夭夭其

赵孟頫《大学帖》

杏林春暖

　　三国时期，有位名医叫董奉，他医术高明。而且他看病有一个规矩——从不收取病人的报酬。但是对请他看病的人有个要求：凡是重病被治好了，要在他的园子里栽5棵杏树；小病被治好的就栽种1棵。

　　一年年过去了，被他治愈的病人数不胜数，他园子里的杏树也已经长成一片杏林。每到杏子成熟的季节，远远望去，一片繁枝绿叶中，杏的果实挂满枝头，十分好看。后来，董奉又告诉人们，凡是到他的杏林来买杏子的人，不用付钱，只要拿一些粮谷放在仓中，就可以去林中取杏。于是，每年董奉用杏换来的粮食堆满了仓库，他又拿这些粮食救济了无数贫民。

　　为了感谢董奉的德行，有人写了"杏林春暖"的条幅挂在他家门口。

中华优秀传统文化·国际版·第二级

　　董奉真是"妙手仁心"，不仅医术精湛，而且拥有仁爱的德行。我们也可以像董奉那样用自己擅长的技能去帮助别人。

经典诵读
古 诗

绝 句

（宋）志南

古木阴中系短篷，

杖藜扶我过桥东。

沾衣欲湿杏花雨，

吹面不寒杨柳风。

注释

①系（xì）：连接。

②短篷：小船。篷，船帆，船的代称。

③杖藜："藜杖"的倒文。

④杏花雨：清明前后杏花盛开时节的雨。

⑤杨柳风：清明节尾期的花信是柳花，或称杨柳风。

中华优秀传统文化·国际版·第二级

　　我在高大的古树荫下拴好了小船；拄着拐杖，走过小桥，欣赏这美丽的春光。丝丝细雨，淋不湿我的衣衫；它飘洒在艳丽的杏花上，使花儿更加灿烂。阵阵微风，吹着我的脸已不使人感到寒冷；它舞动着嫩绿细长的柳条，格外轻扬。

　　这首诗的作者是南宋的一个僧人叫志南，这首小诗，写诗人在微风细雨中拄杖春游的乐趣。描写了春雨细、春风暖的美好画面。

通关检测

1.下列书法家中哪个不属于"楷书四大家"？（　　　）

A.颜真卿　　B.柳公权　　C.欧阳修　　D.黄庭坚

2."笔画细劲、棱角峻厉"是下面哪位书法家的风格？（　　　）

A.颜真卿　　B.柳公权　　C.欧阳修　　D.赵孟頫

3.试着背一背《绝句》。

第七章

中国画是中国国粹，在中国历史上，出现了许多杰出的画家。

吴道子

中国古代有一位非常厉害的画家名叫吴道子，又名道玄。他是中国唐代著名画家，被称为"百代画圣"。他画的山水、花鸟、人物等都特别生动、形象。吴道子不仅擅长画山水画，画动物也是活灵活现，并且特别擅长壁画创作。他曾在一座宫殿上画了五条龙，据说每到要下雨时就会云腾雾绕，那些龙仿佛都要飞走了一样。

吴道子《送子天王图》

中华优秀传统文化·国际版·第二级

顾恺之

　　东晋时有位博学多才的画家名叫顾恺之，时人称之为三绝：画绝、文绝和痴绝。痴绝是说他痴迷于书画艺术，因为痴迷与专注，所以达到了很高的艺术成就。他所绘的《洛神赋图》是中国十大传世名画之一。顾恺之擅诗赋、书法，尤善绘画，精于肖像、历史人物、佛像、禽兽、山水等题材。画人物主张传神，重视点睛，认为"传神写照，正在阿堵（指眼睛）中"。所以他的画作非常注意描绘生理细节，表现人物神情。

顾恺之《女史箴图》

美德故事

仁爱

仁义胡同

明朝时，山东济阳有个名叫董笃行的人在京都做官。

有一年，老家家人因为盖房砌墙和邻居发生了争执，互不让步。他母亲便请人给儿子写了一封信，要他出面说话，为家里争气。董笃行收到家书以后，当即给家里老人写了一封回信。信中写了这样一首诗："千里捎书只为墙，不禁使我笑断肠；你仁我义结近邻，让出两墙又何妨。"董母看了儿子的信后，思忖再三，觉得儿子眼光远大，讲得有道理，就照办了。邻居看见了，又听说了董笃行的那首诗，十分感动，也主动退让出两墙地基。于是，两家重归于好，互相退让出的地方成了一条胡同。事情传开后，人们便把这条胡同称为"仁义胡同"。

"仁义胡同"的美名之所以能流传至今，是因为双方的仁义之行都值得我们后世之人学习。原来，人人都讲仁义是社会大美的表现，那我们都努力做到吧！

中华优秀传统文化·国际版·第二级

经典诵读

古诗

山 中

（唐）王勃

长江悲已滞，万里念将归。

况属高风晚，山山黄叶飞。

中华优秀传统文化·国际版·第二级

注释

①滞：淹留。一说停滞，不流通。

②高风：山中吹来的风。一说秋风，指高风送秋的季节。

译文

　　长江好似已经滞流，在为我不停地悲伤。万里远游之人，思念着早日回归。何况是高风送秋的傍晚时分，深山重重，黄叶在漫山飘飞。

　　这首诗抒发了作者久滞异地，渴望早日回乡的思想感情。"悲"流落在外，"念"早日归家，漫山遍野的黄叶飞舞，更是让诗人悲伤。

通关检测

1.被称为"百代画圣"的是哪位画家？（　　）

A.吴道子　　　B.顾恺之　　　C.王维　　　D.齐白石

2.中国十大传世名画之一的《洛神赋图》是谁的作品？（　　）

A.吴道子　　　B.顾恺之　　　C.王维　　　D.齐白石

3.试着背一背《山中》。

中华优秀传统文化：国际版·第二级

第八章

国学知识

华夏名人

唐伯虎

明代才子唐寅，字伯虎，"寅"又表示十二生肖中的"虎"。唐寅出生于苏州，曾中应天府乡试第一，次年上京赶考，却因牵连徐经科场案，被判入狱。后来唐伯虎回到苏州，仕途无望的他开始了卖画生涯。他的绘画作品融宋代院体技巧与元人笔墨韵味为一体，呈现劲峭而又不失秀雅的品貌风骨。

唐寅《春山伴侣图》

中华优秀传统文化：国际版·第二级

张择端

　　张择端（约 1085—1145 年），字正道，汉族，北宋绘画大师，宣和年间任翰林待诏，擅画楼观、屋宇、林木、人物，所作风俗画市肆、桥梁、街道、城郭刻画细致，栩栩如生。存世作品有《清明上河图》《金明池争标图》等，皆为我国古代的艺术珍品。

　　其中，《清明上河图》是进献给宋徽宗的贡品，现存北京故宫博物院。《清明上河图》主要是描绘北宋都城东京市民生活状况和汴河上店铺林立、市民熙来攘往的热闹场面。作品气势恢宏，长 528.7 厘米、宽 24.8 厘米，画有 587 个不同身份的人物，个个形神兼备，并画有 13 种动物、9 种植物，其态惟妙惟肖。这件现实主义的杰作，是研究北宋东京城市经济及社会生活的宝贵历史资料。

　　中国有许多著名画家，除了我们介绍的这几位，还有王维、董其昌、朱耷、石涛、张大千、徐悲鸿等。

美德故事

仁爱

唐太宗仁爱治国

唐太宗李世民是中国历史上著名的明君，也是一位富有仁爱之心的皇帝。

贞观初年，唐太宗认为宫里有很多宫女是浪费百姓财力的做法，就放宫女出宫去找寻自己的幸福。于是后宫先后一共放出 3000 多人。贞观二年（628 年），关中一带干旱，发生了大饥荒。太宗对侍臣说："水旱不调，都是国君的罪过。我德行不好，上天应该责罚我，百姓有什么罪过呢？我听说有人卖儿卖女，我很可怜他们。"于是他派御史大夫杜淹前去巡查，拿出皇家府库的钱财赎回那些被卖的儿女，送还他们的父母。贞观十九年（645 年），唐太宗征伐高丽，驻扎在定州，他不仅驾临城北门楼安抚慰劳将士，还亲自为死者哭泣尽哀，军中将士无不洒泪哭泣。

唐太宗以仁爱治国，深得民心，为唐朝的繁荣富强奠定了基础。

中华优秀传统文化·国际版·第二级

唐太宗以仁爱治国，是中国历史上了不起的明君。由此看出，不论身份地位和官职高低，仁爱是每个人都应修炼的崇高品质。

春夜喜雨

（唐）杜甫

好雨知时节，当春乃发生。

随风潜入夜，润物细无声。

野径云俱黑，江船火独明。

晓看红湿处，花重锦官城。

注释

①乃：就。

②潜：暗暗地，悄悄地。这里指春雨在夜里悄悄地随风而至。

③野径：乡间的小路。

④晓：天刚亮的时候。

⑤锦官城：故址在今成都市南，亦称锦城，后人有用作成都的别称。

春夜喜雨

译文

　　好雨知道下雨的节气，正是在春天植物萌发生长的时候。随着春风在夜里悄悄落下，无声地滋润着春天万物。雨夜中田间小路黑茫茫一片，只有江船上的灯火独自闪烁。天刚亮时看着那雨水润湿的花丛，娇美红艳，整个锦官城变成了繁花盛开的世界。

　　作此诗时，杜甫已在成都草堂定居两年。他亲自耕作，种菜养花。这首描写夜色沉沉，春雨细细，滋润万物后，城市花朵繁盛如同锦缎一般。描写春雨的诗歌还有杜牧的《江南春》、韩愈的《早春呈水部张十八员外》、孟浩然的《春晓》等。

通关检测

1. 明代才子唐寅，其中"寅"又表示（　　）。
A. 十二生肖中的"虎"　　　B. 兄弟的排行

2. 《清明上河图》是下面哪位画家的作品？（　　）
A. 吴道子　　B. 张择端　　C. 王维　　D. 唐寅

3. 试着背一背《春夜喜雨》。

中华优秀传统文化·国际版·第二级

第九章

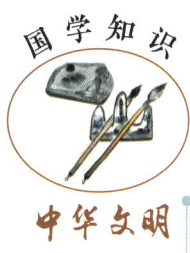
国学知识

中华文明

　　手工艺品，俗称"民间手工艺品"，是指劳动人民为适应生活需要和审美要求，就地取材，以手工生产为主的一种工艺美术品。聪明勤劳的中国人创作了许多巧夺天工的手工艺品，像剪纸、泥塑、风筝、蜡染等。

剪　纸

　　剪纸就是用剪刀或刻刀在纸上剪刻花纹，做成窗花、墙花、灯花等。每逢过节或新婚喜庆，人们便将美丽鲜艳的剪纸贴在家中窗户、墙壁、门和灯笼上，节日的气氛也因此被烘托得更加热烈。2009年，中国剪纸项目还被选入了联合国教科文组织"人类非物质文化遗产代表作名录"呢。

中华优秀传统文化：国际版·第二级

泥　塑

　　泥塑是中国民间传统的一种古老常见的民间艺术，十分流行。其中，比较出名的可能要数天津"泥人张"。"泥人张"创始人张明山，他心灵手巧，富于想象，时常在集市上观察各行各业的人，在戏院里看多种角色，然后偷偷地在袖口里捏制。他捏制出来的泥人居然个个逼真酷似，一时传为佳话。老百姓都喜爱他的作品，亲切地送给他一个昵称：泥人张。

尚勇就是指一个人遇到困难时有胆量，不退缩，并能果断向前，勇敢应对，是有勇气的表现。尚勇不同于鲁莽行事，而是机智应对。

王戎捉贼

王戎是西晋时期的著名学者。他小时候不但聪明过人，而且十分勇敢。

王戎三岁那年的元宵节晚上，街上闹花灯，家人便背着王戎去看花灯。只见大街小巷灯火辉煌，热闹非凡。家人背着小王戎看了很久才挤出人群。小王戎看到家人背着他向一个僻静的小巷里走去，觉得很奇怪，他低头一看：怎么是个陌生人呢？他想起父母说的有拐卖小孩的贼。心想：这个人一定是个贼，趁看灯拥挤的时候，便把自己弄到他的背上。小王戎心里害怕，可是他没哭也没叫。他不声不响地把自己小辫上的红头绳解下来，在贼的帽子上悄悄系好。等穿过小巷，到了另一条人多的街上，王戎就高喊起来："快捉住他，他是贼！"那个贼吓了一跳，丢下王戎，钻进人群里逃跑了。几个巡夜的官兵听见喊声跑来了，他们问王戎那个贼是什么样子的？王戎说："我在那个贼的帽子上系了红头绳，快去抓他！"

后来王戎被送回家时，那个拐卖小孩的贼也被抓住了。

王戎虽然年纪小，但是他用聪明的大脑、勇敢的行为，巧妙地抓住了贼。由此看出，勇敢和机智合作才能更好地把事情做好哦！

经典诵读

古诗

舟夜书所见

（清）查慎行

月黑见渔灯，孤光一点萤。

微微风簇浪，散作满河星。

中华优秀传统文化：国际版·第二级

注释

①孤光：孤零零的灯光。

②簇：拥起。

译文

漆黑的夜晚不见月亮，只见那渔船上的灯光在茫茫的夜色中，像萤火虫一样发出一点微亮。微风阵阵，河水泛起层层波浪，渔灯微光在水面上散开，好像无数星星洒落在河面上。

　　诗人细腻的观察是由上到下、由静到动的，写来又是那样井然有序，明暗互衬，动静相间，用字传神，联想奇特，构成一幅独特而又令人神往的舟夜渔火图，使读者得到一种精神上的愉悦和满足。

通关检测

1. 用剪刀或刻刀在纸上剪刻花纹，做成窗花、墙花、灯花等的手工艺是（　　）。

A. 剪纸　　　B. 泥塑　　　C. 油画　　　D. 水彩画

2. 天津的"泥人张"最擅长的手工艺是什么？（　　）

A. 剪纸　　　B. 泥塑　　　C. 扎染　　　D. 雕刻

3. 试着背一背《舟夜书所见》。

中华优秀传统文化·国际版·第二级

第十章

国学知识

中华文明

花　灯

宋朝著名文学家欧阳修写过一句诗词——去年元夜时，花市灯如昼。这句诗描写的就是元宵节赏花灯。花灯，又叫灯笼，是起源于中国的一种传统民间工艺品，由纸或者绢作为外皮，骨架通常使用竹或木条制作，中间放上蜡烛或者灯泡，成为照明工具。在古代，灯笼的主要作用是照明，后来又与美术、戏剧等艺术形式相结合，兼具生活功能与艺术特色。花灯种类繁多，有龙灯、宫灯、纱灯、花篮灯、龙凤灯、树地灯、礼花灯、蘑菇灯等，形状有圆形、正方形、圆柱形、多角形等。

糖　人

　　制作糖人是中国一种传统手工技艺，制作者都挑一个担子，一头是加热用的炉具，另一头是糖料和工具。糖料由蔗糖和麦芽糖加热调制而成，本色为棕黄色，也有的加入颜料或色素使之呈红色或绿色。制作时火候的控制是关键，过热则太稀易变形，冷了又会太硬无法塑形。糖人造型有人物、动物、花草等。

中华优秀传统文化·国际版·第二级

美德故事
尚勇

万户飞天

　　世界航天第一人是中国明朝一个叫万户的官员（有人说万户是官职名）。万户把47支自制的火箭绑在椅子上，自己坐在椅子上，双手举着大风筝。设想利用火箭的推力飞上天空，然后利用风筝平稳着陆。不幸火箭爆炸，万户也为此献出了生命。

　　有的学者考证，万户是"世界上第一个想利用火箭飞行的人"。正是万户勇于尝试的精神，为整个人类向未知世界探索的进程作出了重要的贡献。

　　任何一项发明创造不仅需要勇于创造的精神，更离不开勇敢的实践。万户用他的生命为世界的飞天事业作出了重要的贡献，这份勇敢值得我们铭记。

中华优秀传统文化：国际版·第二级

画　鸡

（明）唐寅

头上红冠不用裁，

满身雪白走将来。

平生不敢轻言语，

一叫千门万户开。

注释

①裁：裁剪，这里是制作的意思。
②平生：平素，平常。
③轻：随便，轻易。
④言语：这里指啼鸣，
　喻指说话，发表意见。

中华优秀传统文化·国际版·第二级

它头上的红色冠子不用裁剪，是天生的；身披雪白的羽毛雄赳赳地走来。一生之中它从来不敢轻易鸣叫，但是它叫的时候，千家万户的门都随之打开。

这是诗人为自己所画的一只大公鸡所题的诗。题画诗是绘画章法的一部分，它通过书法表现到绘画中，使诗、书、画三者之美极为巧妙地结合起来。有名的题画诗还有苏轼的《惠崇春江晚景》、王冕的《墨梅图题诗》等。

通关检测

1. 欧阳修写过一句诗词——去年元夜时，花市灯如昼。这句诗里提到的民间手工艺品是什么？（　　）

A. 剪纸　　　B. 泥塑　　　C. 油纸伞　　　D. 花灯

2. 用糖料作为原料的中国传统手工艺是什么？（　　）

A. 剪纸　　　B. 泥塑　　　C. 扎染　　　D. 糖人

3. 试着背一背《画鸡》。

第十一章

国学知识

中华文明

年　画

　　每到中国人新年的时候，家家户户都会贴上大大的福字，还有年画。年画是中国画的一种，始于古代的"门神画"，中国民间艺术之一，它起源于汉代，发展于唐宋，盛行于明清。张贴年画是中国人过年时的传统习俗，每逢过农历新年时，家家户户都会买年画贴在门上。从大门到厅房，都贴满了各种花花绿绿、象征吉祥富贵的年画，让新春佳节充满了欢乐热闹的气氛。

　　四川绵竹、天津杨柳青、山东潍坊杨家埠的年画和江苏桃花坞的木版年画在全国最为著名，被誉为中国"四大年画"。

蜡　染

　　蜡染是中国古老的少数民族流传的传统纺织印染手工艺。是用蜡在布料上画上各种图案，再把布料放到颜料里染色。由于蜡染图案丰富，色调素雅，风格独特，用于制作服装服饰和各种生活实用品，显得朴实大方、清新悦目，富有民族特色。

中华优秀传统文化：国际版·第二级

尚勇

孙叔敖杀两头蛇

两头蛇在古代被视为不祥之物。孙叔敖小的时候，到外面游玩，看见一条长有两个头的蛇，就杀了蛇并掩埋了。埋完蛇后，他哭着跑回了家。他的母亲问他哭的原因。孙叔敖回答说："我听说见了两头蛇的人一定会死，刚才我见到了它，我害怕自己会死去。"母亲说："蛇现在在哪里呢？"孙叔敖回答说："我害怕别人又见到这条蛇，已经把它杀了并埋了。"他的母亲说："我听说暗中做好事的人，上天会给他福气的，你不会死的。"

孙叔敖在认为自己"会死"的情况下，仍然理智地反应，这种舍己为人的精神值得我们学习。

孙叔敖小小年纪便能在遇到困难的时候勇敢应对，还能为别人着想，这份勇敢还带着仁爱的光辉，真是了不起呢！后来，孙叔敖还成了历史上的治水名人。

中华优秀传统文化·国际版·第二级

鸟鸣涧

（唐）王维

人闲桂花落，夜静春山空。

月出惊山鸟，时鸣春涧中。

①桂花：此指木樨，有春花、秋花等不同品种，这里写的是
春天开花的一种。

②时：时而，偶尔。

　　寂静的山谷中，只有桂花在无声地飘落，宁静的夜色中春山一片空寂。月亮升起月光照耀大地时惊动了山中栖鸟，在春天的溪涧里不时地鸣叫。

　　王维在他的山水诗里，喜欢创造静谧的意境，这首诗也是这样。但诗中所写的是不易察觉的花落、月出、鸟鸣，这些动的景物，更加突出地显示了环境的幽静和空阔。

通关检测

1. 每逢过农历新年时，家家户户都会在大门上贴上象征吉祥富贵的画，这种画叫什么？（　　）

A. 剪纸　　　B. 泥塑　　　C. 年画　　　D. 春联

2. 用蜡在布料上画上各种图案，再把布料放到颜料里染色，这就是（　　）。

A. 剪纸　　　B. 泥塑　　　C. 蜡染　　　D. 糖人

3. 试着背一背《鸟鸣涧》。

中华优秀传统文化：国际版·第二级

第十二章

国学知识

中华文明

皮　影

　　"皮影"是对皮影戏和皮影戏人物（包括场面道具景物）制品的通用称谓。皮影戏旧称"影子戏"或"灯影戏"，是一种用蜡烛或燃烧的酒精等光源照射兽皮或纸板做成的人物剪影以表演故事的民间戏剧。表演的时候，艺人们在白色幕布后面，一边操纵皮影戏人物，一边用当地流行的曲调讲述故事。

中华优秀传统文化·国际版·第二级

自己在家里都可以表演皮影戏哦！

扇　子

　　夏天，除了冰激凌，扇子也特别受欢迎。在中国人的文化里，扇子除了扇风之外，还有着深厚的文化底蕴，中国历来就有"制扇王国"之称。古往今来，许多文人墨客还特别喜欢在扇面上题诗作画，扇子也成了文化的象征。还有许多与扇子有关的诗词，如李峤的《扇》、白居易的《白羽扇》、唐怡的《咏破扇》等。

　　我们可以自己动手做一把扇子，折扇、羽扇、团扇都可以哦。

美德故事

尚勇

武松打虎

　　古时候，梁山好汉武松回家探望哥哥，途中路过景阳冈。他在冈下的酒家喝了很多酒，然后踉跄着向冈上走去。太阳快落山时，武松来到一破庙前。由于酒力发作，他便找了一块大青石，仰身躺下，刚要入睡，忽然听见一阵狂风呼啸，一头老虎朝武松扑了过来，武松急忙一闪身，躲在老虎背后。老虎急了，大吼一声，用尾巴向武松打来，武松又急忙跳开，并趁猛虎转身的那一瞬间，举起哨棒，运足力气，朝虎头猛打下去。只听"咔嚓"一声，哨棒打在树枝上。老虎又向武松扑过来，武松扔掉半截哨棒，骑在虎背上，左手揪住老虎头上的皮，右手猛击虎头。没多久，老虎就趴在地上不能动弹了。

　　武松打虎，为民除害的美名因此传开了。

　　　　武松的勇敢就在于他有一颗侠义心肠，一心为民除害，不仅为自己，也为别人。

江畔独步寻花

（唐）杜甫

黄四娘家花满蹊，千朵万朵压枝低。

留连戏蝶时时舞，自在娇莺恰恰啼。

注释

①蹊（xī）：小路。
②恰恰：象声词，形容鸟叫声音和谐动听。

译文

黄四娘家周围的小路旁开满了鲜花，万千花朵压得枝条离地低又低。嬉闹的彩蝶在花间盘旋飞舞不舍离去，自由自在的小黄莺叫声悦耳动人。

全诗语言充满了口语化色彩。诗人陶醉在繁密的花丛中，沉醉于蹁跹的蝴蝶和悦耳的鸟雀鸣叫中。

通关检测

1. 用蜡烛或燃烧的酒精等光源照射兽皮或纸板做成的人物剪影以表演故事的民间戏剧叫作（　　）。

A. 剪纸　　　B. 泥塑　　　C. 年画　　　D. 皮影戏

2. 中国古代的扇子除了用来扇风外，文人墨客还喜欢用它来干什么？（　　）

A. 题诗作画　　　B. 防身　　　C. 交易　　　D. 取暖

3. 试着背一背《江畔独步寻花》。

第十三章

民居即中国各地的居住建筑。中国疆域辽阔，民族众多，各地的地理气候条件和生活方式都不相同，因此，各地民居的样式和风格也不相同。

四合院

四合院，又称四合房，是中国的一种传统合院式建筑，其格局为一个院子四面建有房屋，从四面将庭院合围在中间，故名四合院。

四合院就是三合院前面又加门房的屋舍来封闭，其中呈"口"字形的称为一进院落，"日"字形的称为二进院落，"目"字形的称为三进院落。四合院至今已有3000多年的历史，在中国各地有多种类型，其中以北京四合院为典型。

蒙古包

蒙古包是蒙古牧民居住的一种房子，古称穹庐、毡包或毡帐。蒙古包看起来外形虽小，但包内使用面积却很大，室内空气流通，采光条件好，冬暖夏凉，不怕风吹雨打。蒙古包兼具观赏价值、实用价值、艺术价值、经济价值，是蒙古族颇具代表性的特征物。

中华优秀传统文化·国际版·第二级

尽忠就是竭尽忠诚，是正义、忠贞的伟大气节。同样指一个人尽自己的努力，认真谨慎地做好自己的本职工作。

诸葛亮尽忠辅佐刘禅

诸葛亮是三国时期的蜀汉丞相。223 年，刘备病重，他死前托付诸葛亮辅佐自己的儿子刘禅做皇帝。还让尚书令李严做诸葛亮的副手。刘禅继位后，诸葛亮尽心辅佐，他精简官吏、修订法制、推荐有才能的人在适合的岗位上工作。他亲自校改公文，在自己有错误的时候，他也会勇于承认。对于治理国家他有自己独特的见解，在危难关头也能很好地处理大事。

以诸葛亮的聪明才智，他可以自己称帝。但为了报答刘备的知遇之恩，他毫无二心，尽心辅佐刘禅，真的是"鞠躬尽瘁，死而后已"！

诸葛亮写的《出师表》表达了他以身许国、忠贞不贰的思想。四川成都的武侯祠就是为纪念诸葛亮修建的。

中华优秀传统文化·国际版·第二级

经典诵读

古诗

梅 花

（宋）王安石

墙角数枝梅，凌寒独自开。

遥知不是雪，为有暗香来。

注释

①凌寒：冒着严寒。

②遥：远远地。

③知：知道。

④为：因为。

中华优秀传统文化·国际版·第二级

译文

　　墙角有几枝梅花，正冒着严寒独自盛开。远远的就知道洁白的梅花不是雪，因为有梅花的幽香传来。

　　梅、兰、竹、菊被称为"花中四君子"。梅花因其傲霜雪的品格，历来被诗人称颂，如林逋的《山园小梅》、卢梅坡的《雪梅》、陆游的《卜算子·咏梅》。

通关检测

1.北京民居的代表是（　　　）。

A.吊脚楼　　　B.窑洞　　　C.四合院　　　D.土楼

2.以下哪个不是蒙古包的古称？（　　　）

A.穹庐　　　B.毡包　　　C.毡帐　　　D.镬耳屋

3.试着背一背《梅花》。

第十四章

土　楼

　　土楼是以生土为主要建筑材料、生土和木结构相结合，并不同程度地使用石材的大型居民建筑。我国分布最广、数量最多、品类最丰富、保存最完好的土楼是福建土楼。福建土楼一般有圆形、方形等形式，四面围墙，一门进出，内有天井，一般为两层或三层楼，具有节约、坚固、防御性强的特点。土楼的建造就地取材，选址或依山就势，或沿着溪流，遵循了"天人合一"的东方哲学理念。

窑　洞

　　窑洞是中国北部黄土高原上居民的古老居住形式。黄土高原气候干燥，长期少雨，人们因地制宜，凿洞而居。窑洞里冬暖夏凉，舒适又节约，因而窑洞又被称为"绿色建筑"。窑洞是黄土高原的产物、陕北人民的象征，它沉积了古老的黄土地深层的文化。

名将李牧

李牧是战国时期赵国名将。他是赵国继廉颇之后又一位杰出的军事人才。他一生忙于对付西边的秦军、北方的匈奴，在国都和驻地之间奔走。他的一生都奉献给了国家，他是一位名副其实的忠心爱国的代表人物。

李牧本来只是一个戍守边防的普通将领，在多次对匈奴的战争中，因打败匈奴而受到了赵王的赏识。李牧的一生对赵国主要有两个贡献，第一个是抵御北方的匈奴，另一个是多次击退秦军的进攻。据说有一次，李牧把大量的牛羊和士兵放出城外，当作诱饵，诱惑匈奴。一向谨慎的匈奴也只派出了小部队来打探下情况。结果一交战，他们发现赵军轻易就被打败，匈奴就掉以轻心，放心出动全部力量掠夺。没想到李牧的军队隐藏了实力，痛快教训了匈奴一顿，此战后匈奴十几年不敢再侵犯赵国。

有人说："赵国要是没有李牧，可能早就被匈奴或秦国给灭掉了。"由此可见，李牧对赵国作出的重要贡献。

经典诵读

古诗

山 行

（唐）杜牧

远上寒山石径斜，

白云生处有人家。

停车坐爱枫林晚，

霜叶红于二月花。

注释

①霜叶：枫树的叶子
经深秋寒霜之后变
成了红色。

②枫林晚：傍晚时的
枫树林。

中华优秀传统文化：国际版·第二级

　　沿着弯弯曲曲的小路上山，在那生出白云的地方居然还有几户人家。停下马车是因为喜爱深秋枫林的晚景，枫叶经秋霜染过，艳比二月春花。

　　中国文人常常"伤春悲秋"，而这首诗却一反常态，赞美经历风霜的红叶比二月的鲜花还要红艳。诗人歌颂大自然的秋色美，体现出了积极向上的精神。

通关检测

1. 福建土楼的主要建筑材料是（　　）。

A. 生土　　B. 木材　　C. 石材　　D. 水泥

2. 中国北部黄土高原上居民的古老民居是（　　）。

A. 竹楼　　B. 窑洞　　C. 碉楼　　D. 镬耳屋

3. 试着背一背《山行》。

中华优秀传统文化：国际版·第二级

第十五章

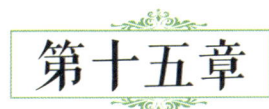

竹　楼

　　竹楼是傣族特有的典型建筑，是一种干栏式建筑，主要用竹子建造。竹楼下层的木桩一般有 50 根，木桩之间的空地是堆放杂物的仓库，有的人家还用来圈养家畜；上层住人，屋顶不是很高，两边倾斜。楼中央是一个火塘，日夜燃烧不熄。屋顶用茅草铺盖，梁柱门窗楼板全部用竹制成。

　　竹楼建在高悬于地面之上的地方，一来可以防潮，二来可以防野兽。

吊脚楼

　　吊脚楼也叫"吊楼"，为中国南方少数民族的一种特有的建筑形式，多分布在重庆、广西、湖南、湖北、贵州等地区。吊脚楼高悬于地面之上，通风干燥，能防毒蛇、野兽，楼板下还可放杂物，具有鲜明的民族特色，显示出较高的文化层次，被称为巴楚文化的"活化石"。

中华优秀传统文化：国际版·第二级

美德故事

忠

苏武出使匈奴

汉代，苏武以中郎将身份持节出使匈奴。匈奴单于十分骄横，借故扣留了他，并逼他归降匈奴，但苏武始终坚贞不屈。

汉朝降臣卫律跑去相劝，却遭苏武严辞痛骂。单于一心想让苏武投降，他把苏武囚禁在地窖里，不给他食物。当时正是严冬季节，天下着大雪，苏武躺在窖中靠吃雪和毡毛维持生命，过了几天居然没有饿死。后来他们又把苏武转移到荒无人烟的北海一带，让他放公羊，并说只有公羊产羔才能返回。苏武到了北海，匈奴还是不给食物，苏武只能掘野鼠储藏的果实充饥。他每天放牧时，手里握着汉节，日夜不离手，随着岁月流逝，节上的毛全都掉了。

汉昭帝始元六年（前 81 年）的春天，苏武才回到汉都长安。苏武在匈奴共 19 年，出使时年富力强，归来时头发都白了。

中华优秀传统文化：国际版·第二级

苏武在匈奴吃尽了苦头却一心忠贞于自己的祖国，有一首歌曲叫《苏武牧羊》，正是为他的动人事迹所写的呢！

经典诵读
古诗

登鹳雀楼

（唐）王之涣

白日依山尽，黄河入海流。

欲穷千里目，更上一层楼。

注释

①鹳（guàn）雀（què）楼：旧址在山西永济县，楼高
　三层，前对中条山，下临黄河。传说常有鹳雀在此停留，
　故有此名。

②白日：太阳。

③千里目：眼界宽阔。

④更：替、换。

译文

夕阳依傍着山峦慢慢沉落，滔滔黄河朝着大海汹涌奔流。想要看到千里之外的风光，那就要登上更高的一层楼。

"欲穷千里目，更上一层楼。"写诗人无止境探求的愿望，还想看得更远，看到目之所及的地方，唯一的办法就是要站得更高些。

通关检测

1. 竹楼是（ ）特有的典型建筑。

A. 苗族 　　B. 傣族 　　C. 藏族 　　D. 回族

2. 吊脚楼又称为（ ）。

A. 蒙古包 　　B. 吊楼 　　C. 碉楼 　　D. 镶耳屋

3. 试着背一背《登鹳雀楼》。

第十六章

徽派建筑

徽派建筑又称徽州建筑，历来为中外建筑大师所推崇。徽派建筑以砖、木、石为原料，以木架构为主。其民居讲究自然情趣和山水灵气，房屋布局重视与周围环境的协调，自古有"无山无水不成居"之说。徽派建筑的结构多为多进院落式，一般坐北朝南，依山面水。

镬耳屋

镬耳屋是广东民居代表，分布于大珠江三角洲、粤西地区，多用青砖、石柱、石板砌成，外墙壁均有花鸟、人物图案，因其山墙状似镬耳，故称"镬耳屋"。其内部格局是广东民居典型的"三间两廊"的肌理，"三间"指的是排成一排的三间房屋，中间为厅堂，两侧为居室，前面为天井。天井两侧的房屋及为"廊"，"两廊"一般用作厨房或门房。

美德故事

孝忠

岳母刺字

抗金名将岳飞十五六岁时，北方的金人南侵，宋朝当权者腐败无能，节节败退，国家处在生死存亡的关头。

1126年，金兵大举入侵中原，岳飞准备投军报效祖国。临行前，母亲把岳飞叫到跟前说："现在国难当头，你有什么打算？"岳飞说："我到前线杀敌，精忠报国！"母亲听了儿子的回答十分满意，"精忠报国"正是她对儿子的希望。她决定把这四个字刺在儿子的背上，让他永远铭记在心。岳飞解开上衣，露出瘦瘦的脊背，请母亲下针。母亲问："孩子，针刺是很痛的，你怕吗？"岳飞说："母亲，小小钢针算不了什么，如果连针都怕，怎么去前线打仗！"

从此，"精忠报国"四个字就永远留在了岳飞的后背上。母亲的鼓舞激励着岳飞，让他成了历史上有名的忠臣。

一提到"精忠报国"，我们就会想到岳飞。他也真正用行动践行了承诺，成为中国历史上了不起的人物。

中华优秀传统文化·国际版·第二级

黄鹤楼送孟浩然之广陵

（唐）李白

故人西辞黄鹤楼，烟花三月下扬州。

孤帆远影碧空尽，唯见长江天际流。

①黄鹤楼：中国著名的名胜古迹，故址在今湖北武汉市武昌蛇山的黄
鹄矶上，属于长江下游地带。传说三国时期的费祎于此登仙乘黄鹤
而去，故称黄鹤楼。

②故人：老朋友，这里指孟浩然。

③唯见：只看见。

友人在黄鹤楼与我辞别，在柳絮如烟、繁花似锦的阳春三月去扬州远游。孤船帆影渐渐消失在碧空尽头，只看见滚滚长江向天际奔流。

此诗最好的地方是，朋友已走不见人，但是诗人依然在远眺长江流水流向天际，既写出了和朋友分别的怅然，也写出了从此天各一方，前途未卜的伤感。

通关检测

1. 自古有"无山无水不成居"之说的民居是（　　）。

A. 竹楼　　B. 窑洞　　C. 徽派建筑　　D. 土楼

2. （　　）是广东民居的代表。

A. 树屋　　B. 窑洞　　C. 四合院　　D. 镬耳屋

3. 试着背一背《黄鹤楼送孟浩然之广陵》。

中华优秀传统文化：国际版·第二级

附录
中国传统文化小知识 汇总

F 中国名山
Famous mountains in China

中国第一神山
——昆仑山

昆仑山，又称昆仑虚、昆仑丘或玉山。该山脉西起帕米尔高原东部，横贯新疆、西藏，伸延至青海境内，全长约 2500 千米，是亚洲中部大山系，也是中国西部山系的主干。古人称昆仑山为中华"龙脉之祖"，"嫦娥奔月""西游记""白蛇传"等故事都与它有关。

雪的故乡
——喜马拉雅山

喜马拉雅山是东亚大陆与南亚次大陆的天然界山，西起克什米尔的南迦-帕尔巴特峰（海拔 8125 米），东至雅鲁藏布江大拐弯处的南迦巴瓦峰（海拔 7782 米）。喜马拉雅山是世界上最高大最雄伟的山脉，喜马拉雅山脉的主峰——珠穆朗玛峰高 8844.43 米，是世界第一高峰。

蜀山之王
——贡嘎山

蜀山之王——贡嘎山，海拔 7556 米，位于四川省的西部。1930 年，美国人 Joseph F. Rock 错误地将贡嘎山的高度测量为 9500 米，从而宣布它是世界第一高峰，在世界上引起了轰动，贡嘎山也因此出名。贡嘎山是国际上享有盛名的高山探险和登山圣地，其登顶难度远远大于珠穆朗玛峰，吸引着无数探险者不断挑战。

中华优秀传统文化·国际版·第二级

中华优秀传统文化·国际版·第二级

千里黄河一壶收
——壶口瀑布

壶口瀑布西临陕西省延安市宜川县壶口乡，东濒山西省临汾市吉县壶口镇，是中国第二大瀑布、世界上最大的黄色瀑布。黄河奔流至此，两岸石壁峭立，河口收束狭如壶口，故名壶口瀑布，有"千里黄河一壶收"的气概。夏季的壶口瀑布水量充沛，非常壮观；冬天的壶口瀑布部分结冰，别有一番趣味。

中国第一草原
——呼伦贝尔草原

呼伦贝尔草原位于内蒙古自治区东北部，是世界四大草原之一，被称为世界上最好的草原，总面积约为 10 万平方千米。一般 6—10 月都是去呼伦贝尔草原旅游的最好时间。蓝天白云、碧草绿浪、湖水涟漪、牛羊成群、点点毡房、袅袅炊烟，整个草原清新而宁静。

白宫红殿湛蓝天
——布达拉宫

布达拉宫，坐落于中国西藏自治区的首府拉萨市区西北玛布日山上，是世界上海拔最高，集宫殿、城堡和寺院于一体的宏伟建筑。布达拉宫依山垒砌，气势雄伟，是藏式古建筑的杰出代表，中华民族古建筑的精华之作。布达拉宫里珍藏着数不清的珍宝，很多是藏族历史和文化的见证。

华夏中医始祖
——岐　伯

中国传统医学素称"岐黄"或"岐黄之术"。今传医书《素问》基本上是黄帝询问医学问题，上古时期最有名望的医学家岐伯作答，他们的姓氏合在一起即为"岐黄"。岐伯从小善于思考，喜欢观察日月星辰、风土寒暑、山川草木等自然界的事物和现象；还懂音乐，会做乐器，测量日影，多才多艺，才智过人。后来他见许多百姓死于疾病，便立志学医，四处寻访良师益友，精于医术脉理，遂成为名震一时的医生。

医　圣
——张仲景

张仲景是东汉末年的名医。一年冬天，张仲景看到很多穷人耳朵都冻烂了，于是他研制了一个可以御寒的食疗方子，叫"祛寒娇耳汤"。大致是用面皮把羊肉和祛寒的药物包成耳朵的样子煮熟，张仲景给它取名为"娇耳"。人们吃了"娇耳"，喝了汤，再也没人把耳朵冻伤了。张仲景还写出了伟大的医学巨著《伤寒杂病论》。

药　王
——孙思邈

孙思邈，唐代医学家，被后人尊称为"药王"。唐太宗的长孙皇后怀孕已十多个月不能分娩，孙思邈通过一根线为皇后"引线诊脉"，医治后，最终帮助皇后顺利生产。唐太宗大喜，想留孙思邈在朝执掌太医院，但他立志漂泊四方为百姓治病。孙思邈认为人的性命贵于千金，写成中国古代中医学经典著作《千金要方》。

中华优秀传统文化·国际版·第二级

声声天籁 ，清明悠远

——昆曲

昆曲，原名"昆山腔"或简称"昆腔"，也叫作"昆剧"，被誉为中国戏曲百花园中的一朵"兰花"。昆曲发源于 14 世纪中国的苏州昆山，后经魏良辅等人的改良而走向全国。昆曲糅合了唱念做打、舞蹈及武术等表演形式，它曲词典雅、表演细腻，被誉为"百戏之祖"。昆曲有许多著名的剧本，如《牡丹亭》《长生殿》《桃花扇》等。

悱恻缠绵入肺腑，余音美妙胜琼浆

——京　剧

京剧，被视为中国国粹，中国戏曲三鼎甲"榜首"，与越剧、黄梅戏、评剧、豫剧并称"中国五大戏曲剧种"。京剧表演的四种艺术手法：唱、念、做、打，也是京剧表演四项基本功；京剧的四大行当是"生、旦、净、丑"。中华人民共和国成立后，京剧走遍世界各地，成为介绍、传播中国传统艺术文化的重要媒介。

众皆惊奇脸何变？片刻闪换多鬼仙

——川　剧

川剧是流行于四川东中部、重庆及贵州、云南部分地区的传统戏曲剧种之一。明末清初，由于各地移民入川，以及多种南北声腔剧种也相继流播四川各地，并且在长期的发展演变中，与四川方言土语、民风民俗、民间音乐、舞蹈、说唱曲艺、民歌小调融合，逐渐形成具有四川特色的"川剧"。川剧表演的特技有变脸、吐火、滚灯等。

江南灵秀出莺唱，啼笑喜怒成隽永
——越　剧

越剧有"第二国剧"之称，又被称为"流传最广的地方剧种"，在国外被称为"中国歌剧"，也是中国五大戏曲剧种之一。越剧在发展中汲取了昆曲、话剧、绍剧等特色剧种的优点，长于抒情，以唱为主，声音动听，表演真切，极具江南灵秀之气。代表剧作是《梁山伯与祝英台》。

听啭一声莺语罢，直教欢喜极人天
——黄梅戏

黄梅戏是中国五大戏曲剧种之一，也是安徽省的主要地方戏曲剧种。黄梅戏唱腔淳朴流畅，以明快抒情见长，具有丰富的表现力；表演质朴细致，以真实活泼著称。一曲《天仙配》让黄梅戏流行于大江南北，在海外亦有较高的声誉。

学逗相声巧，因缘啼笑真
——相　声

相声，是一种主要采用口头方式表演的民间说唱曲艺。以北京语音为标准音，以说、学、逗、唱为形式。古作"象声"，指模拟别人、以笑话或滑稽问答引起观众发笑的曲艺形式。至民国初年，逐渐从一个人摹拟口技发展为单口笑话，名称转变为相声。后逐步发展为单口相声、对口相声、群口相声。

远看山有色，近听水无声
——国　画

中国画，简称"国画"，在古代又被称为丹青，是中国传统造型艺术之一。中国画主要是用毛笔、软笔或手指，用国画颜色和墨在帛或宣纸上作画，讲究"气韵生动"，不拘泥于物体外表的肖似，而多强调抒发作者的主观情趣。绘画工具除文房四宝之外，还有印章、印泥、笔架、笔洗、笔筒、文镇等。

黑白谁能用入玄，千回生死体方圆
——围　棋

围棋被认为是世界上最复杂的棋盘游戏。它起源于中国，中国古代称之为"弈"，可以说是棋之鼻祖。围棋至今已有 4000 多年的历史。围棋使用黑白二色圆形棋子在方形格状棋盘上对弈，落子后不能移动，以围地多者为胜。从唐代始，围棋逐渐流行于东亚国家。现在，围棋运动已遍布世界各地。

坐酌泠泠水，看煎瑟瑟尘
——茶　道

茶道起源于中国，古代的文人雅士将茶饮作为一种修身养性之道。在唐宋年间人们对饮茶的环境、礼节、操作方式等饮茶仪程都已很讲究。中国茶道讲究五境之美，即茶叶、茶水、火候、茶具、环境。茶道过程一般为：洗壶、冲泡、封壶、分杯、玉液回壶、分壶、奉茶、闻香和品茗。

满山红绿紫黄青，几度抛针绣得成
——刺　绣

刺绣又称丝绣、针绣，是中国民间传统手工艺之一，也是中国的国粹。中国是世界上发现与使用蚕丝最早的国家，人们在四五千年前就已经开始养蚕、缫丝了。随着蚕丝的使用，丝织品的产生与发展，刺绣工艺也逐渐兴起，中国四大名绣分别是江苏的苏绣、湖南的湘绣、四川的蜀绣、广东的粤绣。

越罗衫袂迎春风，玉刻麒麟腰带红
——汉　服

汉服，即"汉民族传统服饰"，又称汉衣冠、汉装、华服。以华夏礼仪文化为中心，通过自然演化而形成的具有独特汉民族风貌性格的传统服装和配饰体系。汉服传承了 30 多项中国非物质文化遗产以及受保护的中国工艺美术。日本的和服就是在沿承中国隋唐服饰基础上进行改进的。

T 植物的象征意义
The symbolic meaning of plants

唯有牡丹真国色，花开时节动京城
——牡　丹

牡丹，素有"花中之王"的美誉，在唐代已被誉为"花王""国色天香"等。刘禹锡曾写过："唯有牡丹真国色，花开时节动京城。"因其色、姿、香、韵俱佳，雍容华贵，牡丹是富贵和吉祥的化身。在中国传统吉祥图案"花开富贵"中，牡丹花代表人们对美满幸福生活、富有和高贵的向往。

独有花上提葫芦，劝我沽酒花前倾
——葫　芦

"葫芦"因与"福禄"的读音相似，所以是富贵吉祥的象征。福是幸福，禄是福运，也指财物。中国神话中的许多神仙身上都带着葫芦，如铁拐李、寿星。葫芦还因藤蔓绵延，结子繁盛，又被视为祈求子孙万代的吉祥物。古代吉祥图案中"子孙万代""万代盘长"等都是以葫芦为题材。

愿君多采撷，此物最相思
——红　豆

红豆，又叫相思豆。相传古时候，一位妻子因丈夫被征兵出战，日日到村头的大树下祈祷，在树下哭泣。泪水流干后流出的血泪，滴在地上，生根发芽，在秋季树上结满了红豆，人们便把它称为"相思豆"。红豆代表相思的含义也就流传至今。

中华优秀传统文化·国际版·第二级

中国名小吃
Famous Chinese snacks

豆香馅甜，入口绵软
——北京驴打滚

驴打滚，是东北地区、老北京和天津卫传统小吃之一，它是用黄米面加水蒸熟，蘸上炒熟的黄豆粉擀成片，然后抹上赤豆沙馅（也可用红糖）卷起来，切成小块。做好的"驴打滚"外层沾满豆面，呈金黄色，豆香馅甜，黄豆面入嘴后可以不嚼，细细品，是老少皆宜的传统风味小吃。

皮薄酥脆，馅心香软
——厦门春卷

立春吃春卷是中国民间习俗，表示迎接新春。厦门春卷一年四季都可以吃，是当地的传统小吃。食用时取春卷皮铺在盘上，涂上甜辣酱再放入香菜、海苔和贡糖，最后放入菜，包起即可。厦门春卷脆嫩甘美，醇甜可口，营养丰富。

色泽金黄，酥松香甜
——上海蟹壳黄

蟹壳黄，俗称小麻糕，是上海名小吃，因其形圆色黄似蟹壳而得名。蟹壳黄的馅心有咸、甜两种。早期上海的所有茶楼、老虎灶（即开水专营店）的店面处，大多设有一个立式烘缸边做边卖蟹壳黄。因其口味香酥，深受茶客喜爱。

外干内酥，久储不坏
——新疆烤馕

烤馕是维吾尔族群众日常生活中不可缺少的主要食物。在维吾尔族，几乎家家都有烤馕的馕坑。由于馕是烤熟的，含水分很少，在气候干燥的新疆，存放十天半月都不坏；如果是油馕（揉面时和入食油），还能存放一个月左右，所以维吾尔族老乡出远门，会在腰上的布兜里装进几块馕。

汤清肉香，面细如丝
——兰州拉面

兰州拉面，又名兰州清汤牛肉拉面，被称为"中华第一面"，是甘肃省兰州市的一种风味小吃。现拉现煮，它以"一清（汤清）、二白（萝卜白）、三红（辣椒油红）、四绿（香菜、蒜苗绿）、五黄（面条黄亮）"著称，赢得了国内乃至全世界顾客的好评。

甘香酥脆，越嚼越香
——广东鸡仔饼

鸡仔饼原名为小凤饼，它是广东广州地区特色传统饼类名小吃，是广东四大名饼之一。始创于清朝咸丰年间的广州。有一年，广州成珠茶楼因中秋月饼滞销，制饼师傅把制月饼的原料按小凤饼的方法制作，因其甘香酥脆而受顾客青睐，由此成名。因小凤饼形状像雏鸡，故又称鸡仔饼。

素菜脆嫩，酸辣爽口

——贵州丝娃娃

丝娃娃，别名素春卷，是贵阳一种常见的地方传统小吃之一。此菜猛一看颇似初生的婴儿被裹在"襁褓"中。"襁褓"是用大米面粉烙成的薄饼，薄薄如纸却有手掌大小。再卷入萝卜丝、折耳根、海带丝、炸黄豆、脆哨、糊辣椒等。吃的时候再注入酸酸辣辣的汁液，素菜脆嫩，酸辣爽口，开胃健脾。

洁白细嫩，软滑爽口

——广西螺蛳粉

广西柳州螺蛳粉鲜、酸、爽、烫、辣，它由柳州特有的软韧爽口的米粉，加上酸笋、花生、油炸腐竹、黄花菜、萝卜干、鲜嫩青菜等配料及浓郁适度的酸辣味煮熟调和而成。地道的柳州螺蛳粉都会带着一股浓浓的奇葩的"臭"味，这股"臭"味来源于螺蛳粉里的酸笋，它是新鲜笋经工艺发酵后酸化而成的。

制作"绝"、形态"美"、吃法"奇"

——南京蟹黄汤包

蟹黄汤包是江苏省的一道传统小吃，其特色是皮薄如纸，吹弹即破，制作"绝"、形态"美"、吃法"奇"。蟹黄汤包的制作原料十分讲究，馅为蟹黄和蟹肉，汤为原味鸡汤，制作工艺精妙绝伦。其中南京龙袍蟹黄包尤为出名，仅制作工序就多达33道。每年菊黄蟹肥时节，都要吸引大江南北的食客前来一饱口福。吃蟹黄包的时候取吸管一根，吸完鲜美汤汁之后，然后将薄皮蘸醋食之。

一盘蟹，顶桌菜

——福建蟹黄烧卖

蟹黄烧卖是一道美味可口的传统名点，属于闽（福建）菜系。它由小黄皮、蟹黄等制作而成。福建蟹黄烧卖的蟹肉是用海蟹剥制而成，外形为长短不等的条状或块状，呈淡黄色，味道特别鲜美。

梦境创作，鲜香扑鼻

——福清海蛎饼

海蛎饼是福建省福州市福清县的传统风味小吃。用米浆为原料，内馅为葱、包菜、肉、紫菜，加五香、胡椒、味精拌制，放入特制小圆底平瓢中，再加以海蛎后裹上米浆和黄豆粉浆油炸而成。传说，古时候福州一位年轻人梦中看见月亮下沉，黄色的太阳从东边升起，霞光万道。从中悟出了奥妙，就用米、豆为原料磨成浆，配以海蛎放在油中炸做成海蛎饼。

中华优秀传统文化：国际版·第二级